Rüdiger Jung
Olaf Schmidt

Freund, lass uns dichten!

Rüdiger Jung
Olaf Schmidt

Freund, lass uns dichten!

Goldene Rakete Verlag für Belletristik

Imprint

Cover image: www.ingimage.com

Publisher:
Goldene Rakete Verlag für Belletristik
is a trademark of
Dodo Books Indian Ocean Ltd. and OmniScriptum S.R.L publishing group

120 High Road, East Finchley, London, N2 9ED, United Kingdom
Str. Armeneasca 28/1, office 1, Chisinau MD-2012, Republic of Moldova, Europe
Printed at: see last page
ISBN: 978-620-0-52122-4

Freund, lass uns dichten!

Tan- Renga

von Rüdiger Jung und Olaf Schmidt

Tan- Renga

zum Geleit

Die Japaner dichten gerne gemeinsam. Gerne zu mehreren. Oder auch, erst einmal zu zweit.

Große Einheiten können entstehen. Aber nehmen wir die kleinste und elementarste in den Blick. Einer dichtet – der äußeren Form nach – ein Haiku, einen Dreizeiler mit 5 plus 7 plus 5 Moren (unseren Silben, nein nicht gleich, aber doch ähnlich).

Ein zweiter komplettiert: Zwei weitere Silben zu je sieben Moren. Wohl kaum einer hat so sehr dazu beigetragen, die Renga- Dichtung auch im deutschen Sprachraum heimisch und gebräuchlich zu machen wie Professor Carl Heinz Kurz. Er postulierte für das Ganze einen Titel, der nicht als Überschrift vom vorgebenden, sondern als Unterschrift vom komplettierenden Autor kam. Kein Element japanischen Ursprungs. Sondern die espritvolle Idee von einem, der alles tat, dem Westen und dabei speziell seiner deutschsprachigen Heimat die Kurz- und Partner- und Kettengedichte Japans lieb und vertraut zu machen.

Olaf (*Kursivschrift*) und ich (Normalschrift) haben dieses Sprachspiel gespielt. Uns eingespielt. Lachen kommt meistens da, wo eine Einsicht auf eine ganz andere trifft. Möge uns das – im Sinne der Leser – oft widerfahren sein!

Bottenhorn, 10.12.2022

Rüdiger Jung

Einladung

freund, lass uns dichten
besser wird das leben nicht
komm, lass uns dichten

einverstanden! das mit dem
leben stellen wir zurück

Renga 1: die allerersten

glaube

lazarus steh auf
wer an mich glaubt wird leben
wenn er sterben muss.

raben kreischen „nimmermehr“
doch der stein rollt schon vom grab

hoffnung

hoffnung ist selten
ein scheinwerfer, häufiger
die kleine kerze.

der zeitgeist pfeift im finstern
deine hand bewahrt das licht

liebe

trinitatiszeit
gott lieben und den nächsten
lieben wie dich selbst.

drei in eins die liebe ist

so sparen wir götzen ein

kritik

haiku nerven echt!
immer diese kirschblüten
wie wär`s mit bratwurst?

jahreszeitenwort für „herbst“?
schmeckt sie nicht das ganze jahr?

epiphanias

ich steh am fenster
winter hat sich schon gezeigt
kommt da noch jemand?

muss kein astrologe sein
um noch mit mehr zu rechnen

weihnacht

dort in der krippe
gefahr für das kindeswohl
vater nicht greifbar

wer denn auf dem jugendamt
ist geistlich bestens geschult?

journaille

ich bin klein, mein zorn
ist gestohlen von großen
und trifft dich immer

meine winzigkeit die kraft
die ich mir nicht nehmen lass

first starlight[1]

die blende geht auf
rigel und beteigeuze
wer steht dahinter?

ein älterer papyrus
spricht von weiteren spuren

ehe

Ich seh dich schlafen
sanft hebsenkt sich deine brust
dort will ich wohnen

nicht zelten gelegentlich
wohnen - und das dauerhaft

1 Terminus für die erste Benutzung einen neuen Teleskops

expressionismus

O wie schreckensfahl
zahnt mir die tastatur
schweiß auf jeder stirn

was schlägt die uhr stund um stund?
allzeit menschheitsdämmerung!

epiphanias II

über mir geht auf
der herr, der chef der engel:
licht kommt du heide!

spricht der kleinste der boten
der mit den linden zweifeln

narziss

wie kann das angehn
ich bin doch so wunderbar
und ihr merkt es nicht?

ihr armen kreaturen:
das entscheidende verpasst

konstruktivismus

wahrheit ist nirgends
sind alles nur konstrukte
das musst du glauben

wenn du nicht von gestern bist
ich bin von übermorgen

ressentiment

ich bin beleidigt
da lässt sich`s trefflich leben
dein bier gehört mir

und noch einiges mehr was
ich hier nicht aufzählen kann

advent in kana

er wird uns zeigen
wo der barthel den most holt
und der heiland wein

ach, ihm das wasser reichen!
weinen wird er früh genug

Renga2: Lieblings-haiku/ -senryu
von Rüdiger Jung

lust am wintertag
aus der kälte das licht ziehn
schneeblind bei trost sein

respekt, mein guter, respekt!
mir bleibt frieren und warten

eiskalter bursche
der zucker auf den blüten
schnee ende april

eigentlich bin ich besiegt
aber lärmen kann ich noch

kleine mücke du
sag was bildest du dir ein
mein blut gehört mir

darwin war auch sozial?!
egal! Ich nehm` es mir eh!

vornehm, douglasie,
vornehm: all deine zapfen
tragen gamaschen!

ich trage sie sieben jahr -
wenn`s sein muss auch noch länger!

vor der eisdiele
steht er wartet auf kundschaft
ein schauerwetter

traum: das heiße gestade
und das ganz große geschäft

das neue jahr im
großen portal. das alte
am hinterausgang

januar unheimlicher
narrst uns von beiden seiten

musenkuss

wen die muse knutscht
kann sich nicht mehr entziehen
verloren in lust

„alle lust will ewigkeit
tiefe tiefe ewigkeit“
(nietzsche)

unvollendet

mein kopf zerbricht sich
es fehlt eine silbe
was soll ich nur tun?

da ist noch das schneidewort -
- es reicht schon ein bindestrich

ehe II

eine hand in mir
ein lächeln für zwei herzen
ach wie altmodisch

alle gehen mit der zeit
und das auch noch freiwillig

zensur

die säge im kopf
die feigheit macht mich tollkühn
wen darf ich schlagen?

den der sich nicht wehren kann
von mir aus: hau den lukas

ostern

die bangen fragen
und die schwere der steine
und - - - licht

drei silben pause für das
was nicht zu benennen ist

Renga 3

hoffnung

hoffen und harren
hält so manchen zum narren?
setz die kappe auf!

kinder und narren zeugen
vom fresser und weinsäufer

paulus braucht nicht mehr:
glaube, hoffnung und liebe
sind ein starkes team.

wie einfach es doch sein kann
mit christus in der mitte!

hoffnung ist etwas,
was man nicht sieht. muss also
die nacht nicht fürchten!

er geht um wie ein löwe
aber wir widerstehen

hoffen macht offen
für das, was kommt. nicht nur angst!
nicht nur bedenken!

es könnte ja gut gehen
oder doch ziemlich leidlich

pandoras büchse -
das meiste nicht genießbar.
aber die hoffnung!

lasst sie flugs flächen decken!
denn sie quält doch so lieblich...

Renga 4: erinnerungen

verlassener hof.
hinter dem rostigen zaun
ein wilder garten…

die gerüche von damals
als noch der grünkohl gedieh

ruine am berg.
In der hand eines kindes
die pusteblume…

kleine fallschirmjägerchen
überwinden die mauern

geschlossen das tor
und verrostet die zäune:
altes haus am deich.

der blanke hans ist machtlos
gebannt vom zwiebelmuster

auf einem friedhof
wachsen in stummer eintracht
die lebensbäume…

meine hand ruht in deiner
wie wir alle in seiner

am hölzernen zaun
ruht das gefallene laub. -
schmerz vom gleichen stamm...

wo gestorben wird fällt auch
endlich einmal der hobel

nur stille trinkt noch
aus längst geleerten gläsern.
keiner schüttet nach.

die feier ist aus, doch sieh!
die wölbung spiegelt freundschaft

Renga 5

der ableger

mirabellenbaum
ach die gelbrote süße!
er ist noch so klein...

ernte ist als würdest du
dem kind sein spielzeug nehmen

stabreim

stabreime stehen
schildgleich am strand des gestern
drohend den drachen

die rüstungen jeder art -
auch sprachliche – auslachen

berliner schloss- neubau

weg mit diesem kreuz!
und den worten zerspaltend
unsre hohlen seelen...

still gestanden? alter fritz-
hast`s ja auch nicht leicht gehabt!

ungeziefer I

gespinstmotte frisst
blatt blüte und die ernte
ich bin so hilflos

weil mein feind – du glaubst es nicht -
so überaus winzig ist

ungeziefer II

wo ist ein -getüm,
-geheuer, -hold und -mensch
ohne dieses un-?

das alpha privativum
ist das reinste weltprinzip!

liebe

der schlüssel dreht sich
in der tür deines herzens
ich komm nach hause

sonnenlicht begleitet mich
und hält uns die uhren an

Renga 6 „Glück“ (Sommer 2019/22)

oster- spaziergang.
der saft dringt in die zweige.
jetzt ganz knospe sein…

nicht ersterben in kälte
blühen und fruchten wie sie

die sonnenstrahlen
einer ähre durchkämmen
mit bloßen fingern.

bald wird sie täglich brot sein
ich danke in vorfreude.

das strandgut sichten
mit den augen des kindes:
bettler und könig

alles kann ein goldschatz sein
in einem moment des glücks

wie sonnenstrahlen,
rot und rund und pausbäckig,
im keller lagern…

schmecken die glut des sommers
bevor die runzeln kommen…

manche sammeln tau,
andre fangen schneeflocken.
ich schreib gedichte.

nach tau duften die flocken
wenn sie dir zu wort kommen

zur perle kommen
nach vergeblichem knacken
zahlloser austern.

nach allen diesen mühen
nicht gleich die säue füttern!

Renga 7 (november 22)

november

es ist november
die fenster unsrer seelen
schwimmen im nebel

mißtrauen gegen das licht
ist es vielleicht ein phantom?

fortschritt

der krebs wird divers:
als kneifperson zeugt er vom
fortschritt im tierkreis

ob ihm ein orden gebührt?
ja, weil er nichts davon weiß!

revolution

jetzt oder niemals
euer aufstand ist nötig
denn ich will sitzen.

alles in rechnung stellen:
die keulen, die raketen

alte schlager

ich hab dein knie auf
der schaukel luise kann
liebe sünde sein?

du erwartest die antwort
in abgezählten silben?

totensonntag

hier ruht in frieden
alles was blühte verging
doch der vorhang reißt

der unendliche kommt
nennt die endlichkeit endlich

herbst

die aster sagt mir:
in diesem jahr wohl nicht mehr...
ich hab verstanden

wußte, ehe ich fragte:
antwort steht in den sternen

leidenschaft

wenn ich mich traute
würd` ich worte flechten zu
girlanden der lust!

Ob sich die beiden verstehn,
das handwerk, die ekstase?

testament

wie gern schriebe ich
ein septembertestament
als letzten willen

junker jörg, der kalender
rechnet mit revisionen

Renga 8, oder „die letzten sechs " aus „endlich luft holen"

ein alpinist steigt
auf meine fingerkuppe:
marienkäfer.

sieh, was für ein vertrauen
lass ihn ruhig verschnaufen!

sonntagsspaziergang:
ein schneck und seine schnecke
dicht vor meinem fuß.

wie auseinanderhalten?
da: er hält ihr das blatt auf!

„alles einsteigen!“
ruft der wind. kein boden mehr
unter den füßen.

just fliegt einer schnell längsseits
mit `nem schirm: es ist robert

die dicke fliege
versetzt ein pferd in galopp
von wegen „bremse“!

zuweilen bin ich schneller
dann gibt es scheibenbremsen

beim füße-zählen
verlernt der tausendfüßler
völlig, wie man geht.

es werden schon genug sein!
steh endlich auf und los geht`s!

kleine eidechse,
auf vier füßen durchs leben -
und ich nur auf zwei!

nie sieht sie dich von oben
das ist doch ein trost, oder?

der doppelte ausgang

(statt eines nachworts)

es könnt ja einer kommen und der hätte
gesehn dass ich der könner keiner bin
und mich verhoben schwer in meinem sinn
die kunst gespannt in des prokrustes bette

auch könnt ja eine kommen die gespürt hat:
nee, dichten kann der bursche wirklich nicht
dazu ist er doch ein viel zu kleines licht
obwohl sein mut ein wenig mich gerührt hat!

würd es den klugen leuten augenscheinig
und wären sie sich flugs darüber einig
dass ich bei meinen leisten bleiben soll,

a) bescheidenes terzett:
dann will mit lorbeer ich nicht gerne gleißen
ihr habt das recht, es zu ver- und auch zerreißen
so wird die blaue tonne schneller voll...

oder b) trotziges terzett:
nun gut, ihr wollt mich unbedingt verreißen
ich könnte schon auf eure meinung ...
ihr fandet`s blöd? Ich find es richtig toll!

dezember 2022
olaf schmidt

Printed by Books on Demand GmbH, Norderstedt / Germany